AF555496

B. F. A. FONVIELLE

A

J. M. CHÉNIER;

Membre de l'Institut national de France, Législateur, Philosophe, Orateur, Poète avec privilége, etc. etc.

Je m'en rapporte à toi de préférence;
Et je dis : Tes vers sont parfaits.

PARIS,

De l'Imprimerie de la rue des Petits-Augustins, N.° 33.

5 Décembre 1796.

B. F. A. FONVIELLE

A

J. M. CHÉNIER.

Ô TOI que de leur lait les Muses ont nourri,
Heureux vainqueur du chantre de la Thrace,
Docte et *modeste* favori
Du Dieu qu'on révère au Parnasse,
A tes rimes *sans fiel* si Paris a souri,
Daigne un moment descendre de ta gloire;
Et, malgré la confusion
Où me jette l'honneur de vivre en ta mémoire,
Dis-moi qui m'a valu cette distinction.

Tu m'as nommé; c'est assez me confondre,
Dis-tu!... je le conçois: hélas!
Il est trop vrai, je ne l'esperais pas!

Mais enfin sur quoi donc devais-tu me répondre?
Ai-je contesté tes succès;
Ai-je sifflé tes vers dictes par Melpomène ?
Ah !..reçois mon aveu; tu me croirais sans peine,
Ami, si tu me connoissais :
Je ne les entendis, je ne les lus jamais.
--Jamais ! -- Conçois par-là quelle est ma révérence,
CHÉNIER, pour tout ce que tu fais.
Quelques sots le trouvent mauvais ;
Moi, pour ne pas courir la chance
De me servir de leurs sifflets,
Je m'en rapporte à toi de préférence;
Et je dis : *Tes vers sont parfaits.*

Aurais-je, par hazard, d'une plume caustique
Laissé sur toi couler le noir venin ?...
Encor moins. Grave politique,
Sage législateur et *jamais jacobin*,
Sur toi que pouvait la critique ?
Tu fus un peu Grec ou Romain,
Il est vrai : mais cela s'explique,
Grec par nature, et Romain par calcul;

Nous voulions une République,
Et tu n'y pouvais être nul.
Aussi bien sot, je le confesse,
Qui croirait à ta nullité!
Défendre l'innocent, protéger sa faiblesse,
Venger les droits du peuple et de l'humanité,
Voilà de tes exploits . . . c'est une vérité
Que l'on ne peut, sans trop de maladresse,
A CHÉNIER avoir contesté.

Quai-je donc fait digne de ta colère?
Moi, je ne me reproche rien.
Fustige MORELLET s'il osa te déplaire;
J'y consens: *Tu t'y prends si bien!*
Punis-le du *malheur* de n'être point aimable.
Il ne t'admira point! C'est un rêveur, un sot,
Un écrivain insupportable. --

Le *punir* d'un *malheur*, dira-t-on!... C'est le mot;
Ici, remarquez-le, *punir* est énergique;
C'est le genre patriotique;
C'est du CHÉNIER... d'ailleurs, de ce malheur soudain

Qui fond sur MORELLET par la force magique
D'un hémistiche aussi malin
Qu'il est ou neuf ou véridique,
De ce malheur qui surprend tout Paris
L'ami JOSEPH est l'auteur débonnaire;
Il l'en *punit*; c'est là du caractère,
Et, pour ma part, de grand cœur j'y souscris...

Pardon, homme sublime et rare;
Je ne voulais d'abord te parler que de moi;
Mais, en lisant tes vers, on se perd, on s'égare:
C'est si beau!... Je reviens à toi.

C'est en vain que je m'examine;
Je ne vois pas pourquoi, jusqu'à toi parvenu,
Avec tes vers mon nom si peu connu
Vers l'avenir lentement s'achemine.

J'ai vu les partis opposés
Qui déchirent le sein de ma triste patrie,
Dans leurs efforts, l'un par l'autre froissés;
N'écouter que la voix d'une sombre furie....
Je n'ai rien dit de toi dans ce bruyant fracas;

Tu ne défendais point de hideuses chimères ;
Témoin des plus sanglans débats,
Tu voulais appaiser ces fureurs meurtrières ;
Et tu ne les attisais pas !

J'ai vu la France désolée
En proie aux dévastations ;
La plus fière des nations
De mille fléaux accablée.
Toi cependant, *par tes écrits*,
Tu consolais l'innocence outragée ;
Tu gémissais sur le sort des proscrits
Et, par toi, de MARAT *la France était vengée !*

J'ai vu frapper les citoyens
Par des assassins mercenaires ;
J'ai vu, *froids épicuriens*,
Indifférens aux malheurs de leurs frères,
Des Français avilis sous les honteux liens
De vingt factions sanguinaires,
Complices des bourreaux, devenir leurs soutiens....
Toi, *tu n'attendis pas le jour de la justice*,
Le cri d'un public indigné

Pour pleurer sur un frère au trépas désigné !
On t'aurait vu partager son supplice
Plutôt que de descendre à cette lacheté,
De baiser des bourreaux le bras ensanglanté !

Ainsi donc, contre toi je n'aurais pu médire;
Eussai-je uni *ma voix et mes accens*,
Eussai-je, dans des vers plus mauvais que méchans,
Délayé froidement une longue satyre,
J'aurais outragé le bon sens;
Et c'est de moi qu'on eût fini par rire.

Il est donc à-peu-près certain
Que c'est une faveur gratuite
Qui, dans tes vers dont ici je m'acquitte,
M'accole à LANGLOIS, à FANTIN,
A cent grimauds qui marchent à leur suite
Grotesquement groupés dans un tableau badin?...
Mais, que dis-je?... Je me ravise...
Non, non; j'ai mérité mon sort.
O grand JOSEPH ! enfin j'apperçois ma sottise :
Ton courroux est fondé; je reconnais mon tort.

Moins bien que toi j'ai su servir mon frére,
Si j'ai brisé des fers qu'il porta trop long-tems,
S'il est libre ; le tien, cet André qu'on vénère,
Eut un bien plus beau sort et de meilleurs parens!
Qu'il revive à jamais dans tes sublimes chants,
Entonne l'hymne funéraire ;
J'applaudirai moi-même à tes transports touchans.

Je livre à ton courroux cette note insolente (1),
Où j'accolai ton nom à celui de Marat ;
Chénier, ma plume repentante
La désavoue avec éclat.
Plaider avec fierté sans crainte et sans faiblesse
Pour un frère souffrant dans les fers oublié,
Ce n'est pas, j'en conviens, *le front humilié*

---

(1) C'est la note (1), page 34 de mon plaidoyer pour mon frère au tribunal de cassation. Il faut la lire ; en vérité notre grand homme se fâche pour bien peu de chose ! N'est-il donc pas permis de se rappeller qu'il a fait des odes ? C'est si frais !.. A propos de ce plaidoyer, peu de journaux l'ont annoncé ; j'avertis le public qu'il n'est pas d'un intérêt individuel, comme on l'a cru d'après le titre.

Mandier en tremblant et même avec bassesse
Une tardive ou stérile pitié!
Tufus, j'en suis d'accord, plus que moi pathétique;
Et je ne te veux pas contester ce beau trait
Qu'ose même nier un public indiscret
Qui ne voit dans tes vers qu'une scène tragique.
Il a trop lu, ce public mécréant,
Le Cousin de Clio, le Moniteur fidèle;
Moi qui ne le lis point, je veux, à tout venant,
Roi par l'aveuglement, soutenir ta querelle.
J'ai pris mon parti; c'en est fait:
Si *sottise sans fiel mérite tolérance*,
Je m'applique cette sentence;
Et quoique ton léger poulet
M'accorde pour *talent*, pour unique appanage,
Ce fiel qui t'irrite et t'outrage,
Pour me le refuser tout net,
Au même instant, presque à la même page,
Je suis ton champion; parle, me voilà pret.

Je soutiendrai que ton Épitre
Est un chef-d'œuvre, où de doux souvenirs

A chaque vers augmentent nos plaisirs.
Aux faveurs du public est-il un plus beau titre ?

Je graverai ton Almanach nouveau
En traits d'airain, quoique l'on en raisonne ;
Et noterai que les *Jeux du Chevreau*
Font mûrir les épis dont Cérès se couronne.

Depuis long-tems quoiqu'on ait déja dit
Que, *sans un bon Décret*, *on ne saurait te lire*,
J'imprimerai que tu dus le redire ;
Autant que toi quand on a de l'esprit,
On peut des traits d'autrui composer sa satyre.

Fais déchirer par *d'avides corbeaux*
Les Morts fameux ; ... on sait bâiller en France !...
Si l'on t'y doit cette utile science ;
Tu t'en souviens fort à propos :
Et si *les cris du sang*, dont ton heureux génie
Du langage des Dieux enrichit l'harmonie,
Réveillent un peu ton lecteur,
Console-toi, je t'en conjure ;

Ce n'est-là qu'un instant d'humeur;
Tu n'y perdras rien, je t'assure.

Tu fus, ajoutes-tu, *proscrit pour tes discours*?.
Proscrit !... berné !.. soit... mais, pour ton silence,
Tu ne le seras pas toujours :
Mets à l'epreuve l'indulgence
Des *sots* qui troublèrent tes jours.

Pour moi, j'embrasse ce systême;
Je rentre dans la nullité;
Adieu, gentil CHÉNIER : pour jouir de moi-même,
Je vais, si je le puis, oublier ta gaité....

Doux repos, richesse du sage,
Toi que la fière ambition
Cherche en vain après le naufrage;
Toi, fils aîné de la raison,
Ne t'exile jamais de mon humble maison,
Que Joseph soit un personnage;
J'y consens; sauve-moi de la prétention
De lui disputer l'avantage.

Quoi ! sous le poids de ses vœux imprudens,
L'Europe languit affaissée !
La France, de grandeur lassée,
Tombe et dévore ses enfans !
Dans l'abyme entrainé par elle,
L'univers s'ébranle, il chancelle,
Déja l'affreux cahos s'apprête à le saisir !
Et moi, raisonneur éphémère,
Dans ce tourbillon de misère,
J'oserais former un desir ! . . .

Souvenirs dêchirans, effroyables images,
N'affligez plus mon cœur, ne blessez plus mes yeux;
J'ai trop lutté contre les factieux ;
J'ai trop bravé leurs fureurs, leurs outrages.
Un stupide égoïsme a flétri les Français ;
Hélas ! le crime seul lève une tête altière ;
Méprisables pantins, savourez à longs traits
Votre indolence meurtrière.
Dans mes foyers, heureux d'être ignoré,
Sous mon toît où l'hiver et l'hymen me rappellent,
J'attendrai, des humains malgré moi séparé,

Que des jours plus sereins pour moi se renouvellent...

Quoi ! des jours plus sereins ! .. Ah ! le char des saisons
Ramènera les fleurs ou les moissons,
Mais les mœurs ! les vertus ! le bonheur de la France !...
Non ; c'est une vaine espérance !

Déja sur l'aile des Zéphirs
La fille du printems s'avance avec mollesse ;
La nature bientôt déployant sa richesse,
Va proclamer le règne des plaisirs..
Tu te réveilleras, sensible Philomèle ! ...
Oui, je t'entends; oui, tes chants amoureux
Célèbrent la saison nouvelle...

O spectacle délicieux !
Tout l'univers s'émeut; tout prend un nouvel être ;
Les airs sont parfumés des plus douces odeurs :
La terre, en riches dons, exhale les vapeurs
Du feu divin qui la pénètre ! ...

Dans quel ordre majestueux
La nature se régénère !
Les révolutions ensanglantent la terre ;

Les malheureux humains se déchirent entre eux ;
Terrible rival du tonnerre,
L'airain qu'ils ont creusé, de ses flancs furieux,
Vomit la mort ; et, proclamant la guerre,
Semble vouloir ébranler jusqu'aux cieux.....
Cependant, toujours elle-même,
L'ame de l'univers, constante en ses effets,
Dispense également sa chaleur, ses bienfaits,
Et soumet tout à son pouvoir suprême.
Les astres que sa main dispersa dans les cieux,
Dans leur orbe enchaînés, se meuvent en silence ;
Rien ne résiste à sa toute-puissance ;
Rien ne troubla jamais l'accord harmonieux
Qui du vaste univers conserve l'existence.

Atôme turbulent, dont l'orgueil insensé
Croit que cet appareil n'aboutit qu'à ton être ;
Au centre du grand tout qui te crois seul placé
Devant de tels objets peux-tu te méconnaître ?
Qu'ils sont ridicules et vains,
Tes débats importans, tes projets éphémères !
Tu crois enchaîner les destins !

Et le tems, déployant ses rouleaux séculaires,
A peine à tes nobles chimères
Accordera quelques dédains....
Ah ! nourris à ton gré la fureur qui te guide :
A tes funestes passions,
A tes coupables vœux, à ta rage homicide,
A tes forfaits enfin, j'oppose pour égide,
Un cœur indifférent à tes convulsions.

FIN.

www.ingramcontent.com/pod-product-compliance
Lightning Source LLC
LaVergne TN
LVHW010411240826
846091LV00020B/3519

9782019257231